Josef Dreher / Reiner Pfaffendorf (Hrsg.)

MOMEL ÜBT SCHREIBEN

Arbeitsheft Druckschrift 2

Illustriert von Hendrik Kranenberg

Auer Verlag GmbH

Momel fährt mit dem Rennauto. Spure nach!

S s

Schreibe **S** und **s** mit vielen Farben!

Ss

Spure nach und fülle die Zeilen auf!

S s

S S S S S S S S S S S S S

S

s s s s s s s s s s s s s s s s s s s

s

Schreibe und fülle die Zeilen auf!

Ss

Ss

Susi

Lisa

Sofa

Schreibe und fülle die Zeilen auf!

S s

Senf

Nase

Mus

Esel

Schreibe die Sätze in die Zeilen! Tippe die Sätze dann auch in den Computer!

Ss

Ameisen essen Samen.

Alle essen Semmeln.

Alle lesen Unsinn.

Male Emils Nase!

Momel schreibt fleißig **P** und **p**. Spure nach!

P p

Schreibe **P** und **p** mit vielen Farben!

Pp

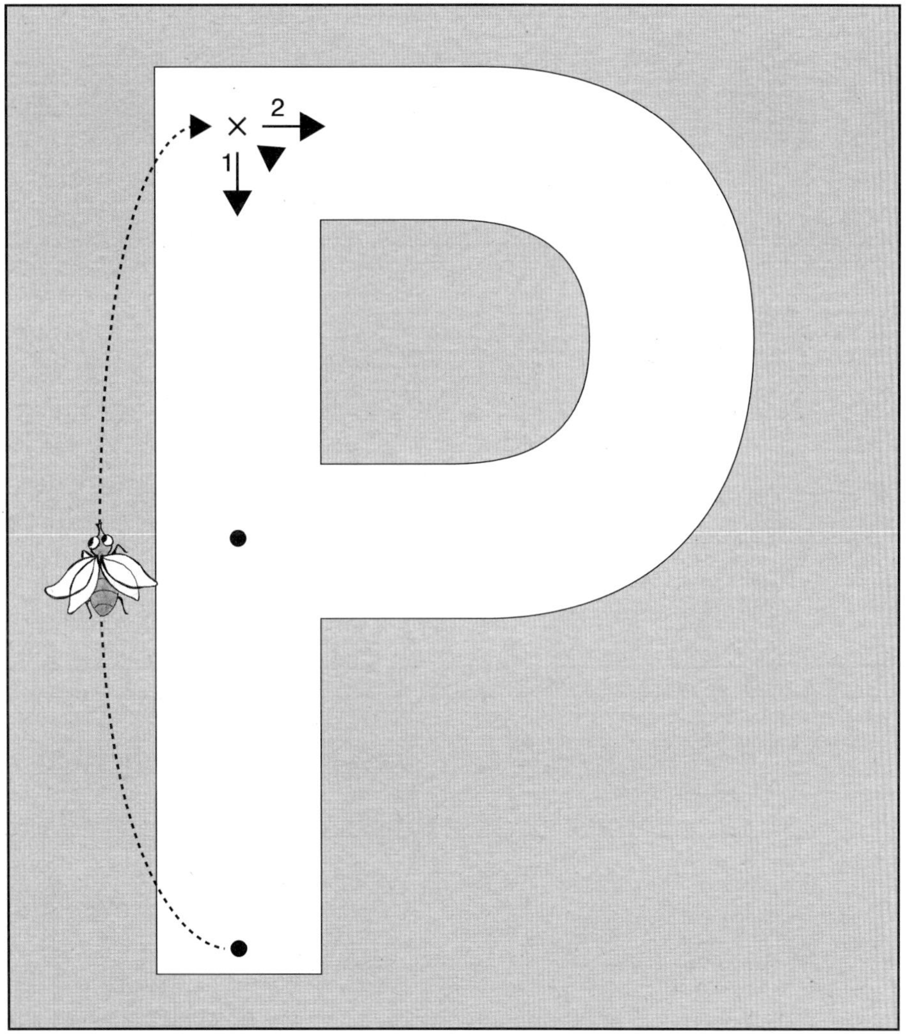

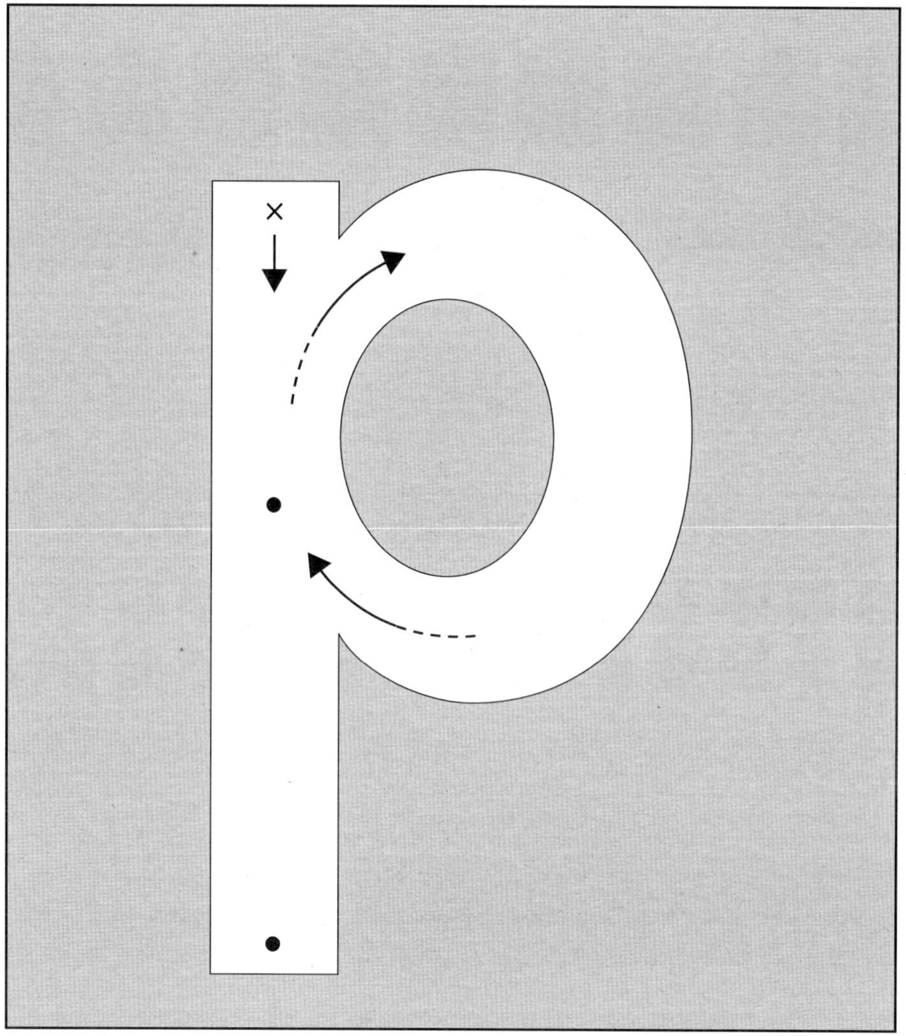

Spure nach und fülle die Zeilen auf!

P p

P P P P P P P P P P P P P P P P

P

p p p p p p p p p p p p p p p p p

p

Schreibe und fülle die Zeilen auf!

Pp

Pp

Opa

Lippe

Papa

Schreibe und fülle die Zeilen auf!

Pp

Pumpe

Puppe

Pinsel

Suppe

Schreibe das Wort zum Bild! Schreibe immer eine ganze Zeile!

Pp

Lampe

Palme

Suppe

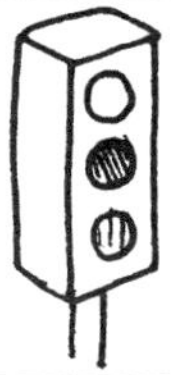

Ampel

Schreibe die Wörter und fülle die Zeilen auf!

Pp

Lippe

Mops

Opa

Pinsel

Übe oft den Luftsprung! Die Fliege hilft dir dabei.

Tt

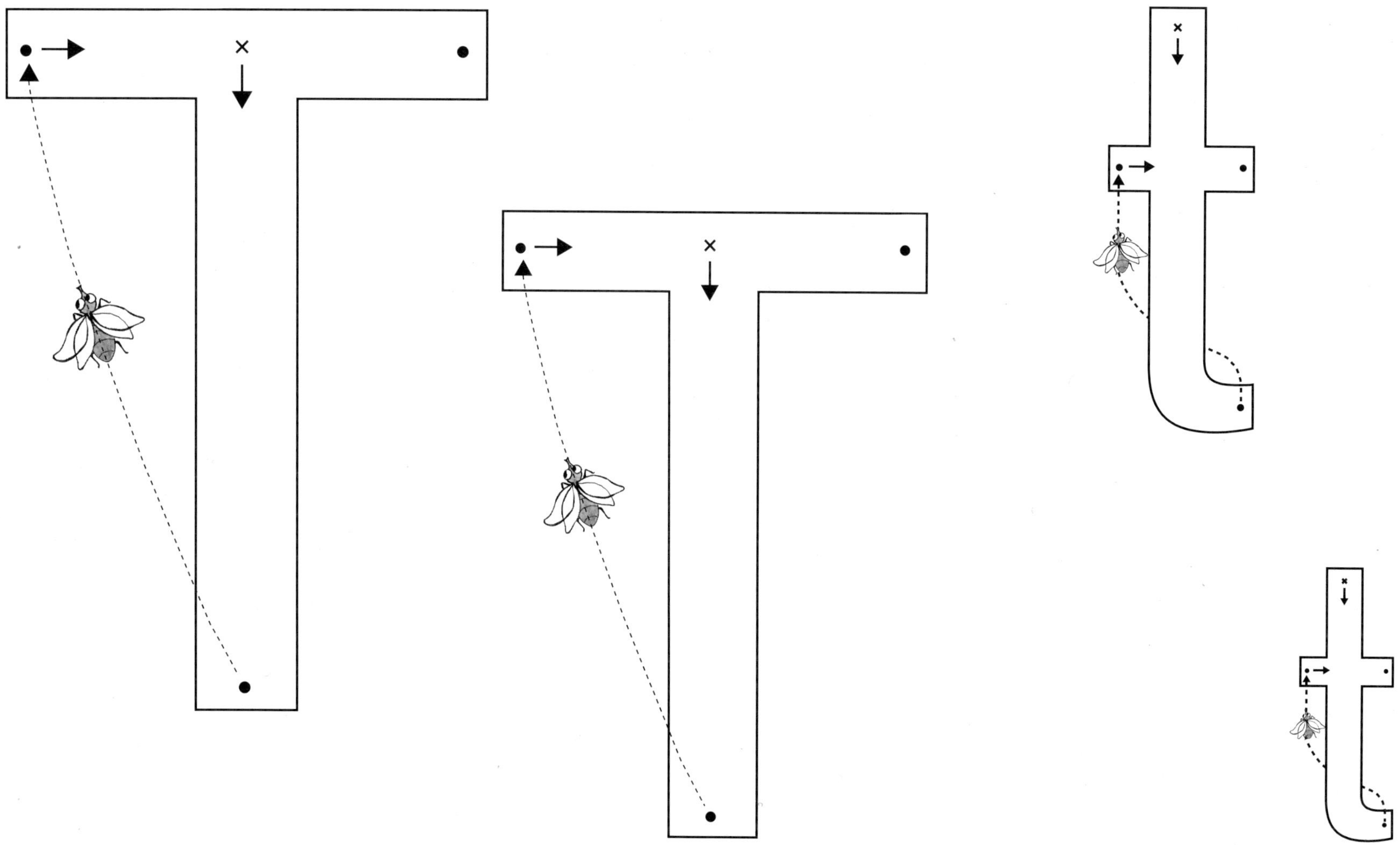

Schreibe **T** und **t** mit vielen Farben!

Tt

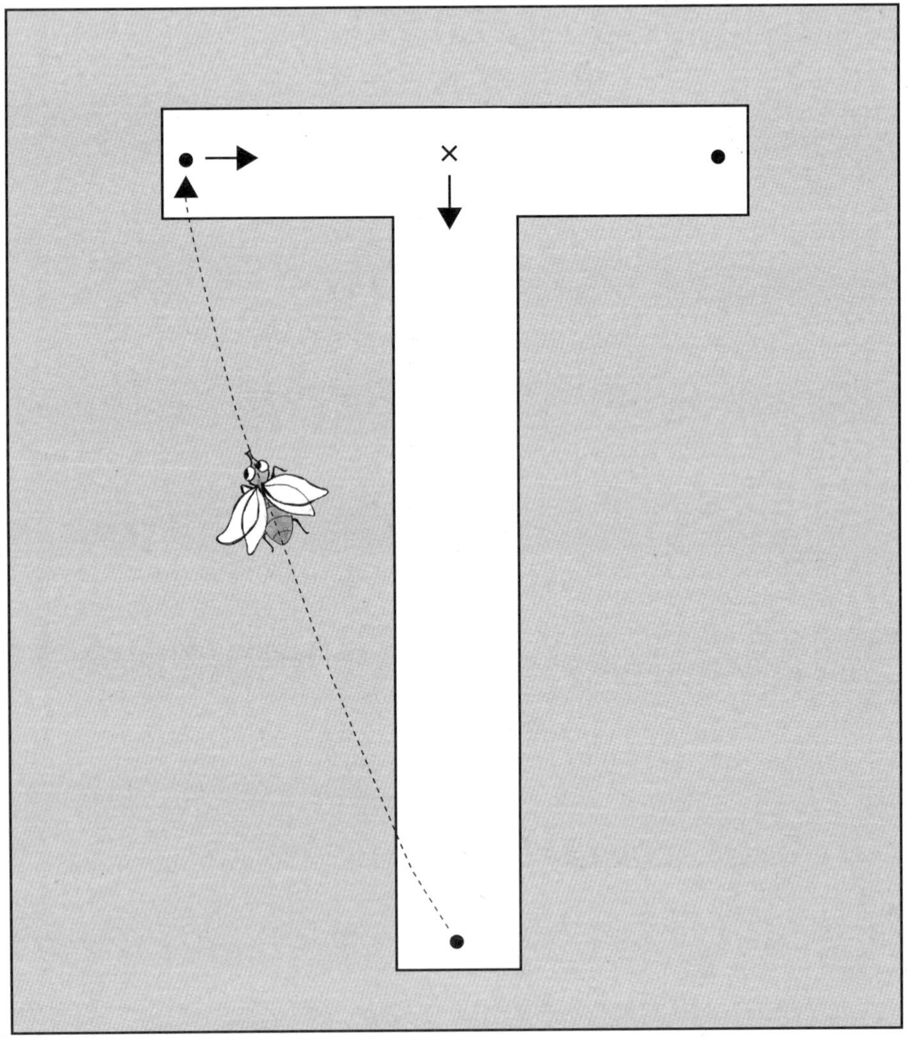

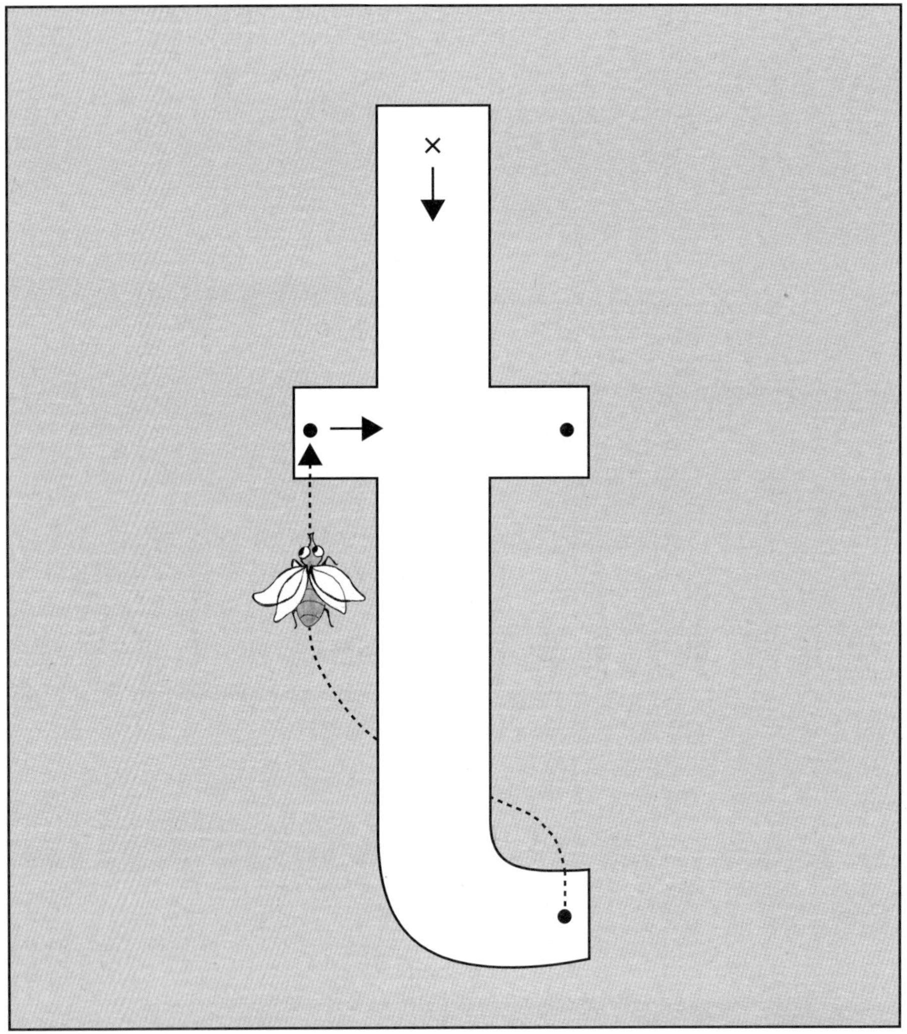

Spure nach und fülle die Zeilen auf!

Tt

T T T T T T T T T T T T T T T T T

T

t t t t t t t t t t t t t t t t t t t t t t t t t t t

t

Schreibe und fülle die Zeilen auf!

Tt

Ee

Tinte

Tante

Otto

Schreibe und fülle die Zeilen auf!

Tt

Tasse

Tee

Ente

Toni

Schreibe das Wort zum Bild! Schreibe immer eine ganze Zeile!

Tt

 Für die Selbstkontrolle: **Tomate, Ente, Tinte, Tasse**

Schreibe die Sätze in die Zeilen! Tippe die Sätze dann auch in den Computer.

Tt

Momel ist am Telefon.

Tante Tilli ist am Telefon.

Tante Tilli ist platt.

Am Telefon ist Oma.

Momel ist auf dem Spielplatz. Er turnt und hüpft **H** und **h**. Mach mit!

H h

Er turnt.

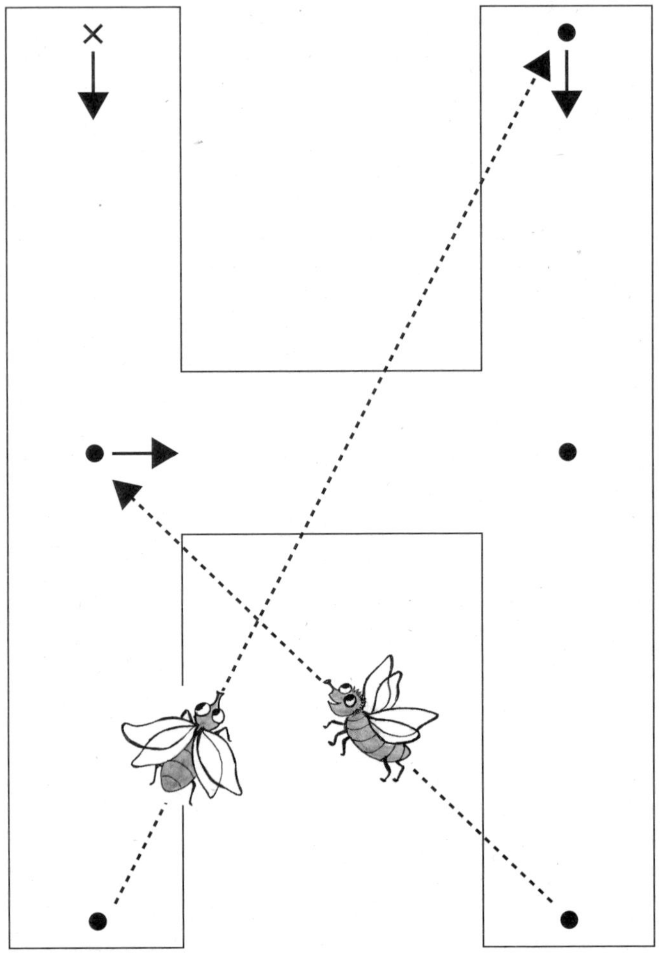

Er hüpft wie ein Ball. Spure oft nach!

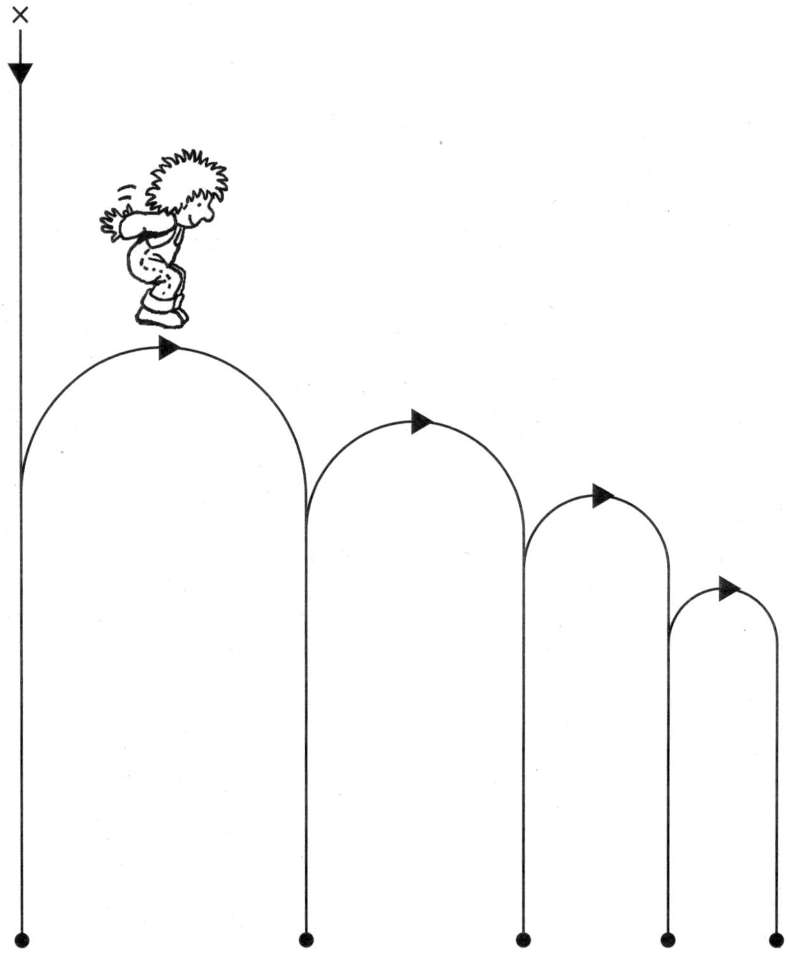

Schreibe **H** und **h** mit vielen Farben!

Hh

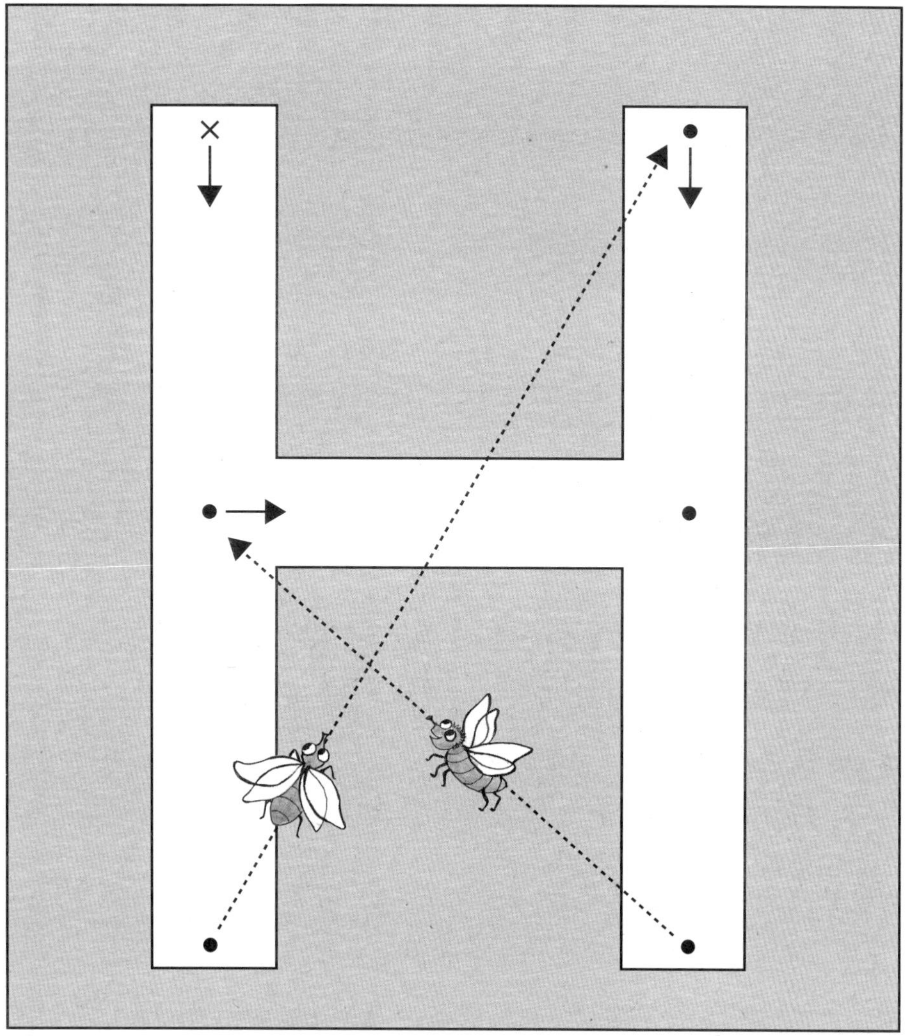

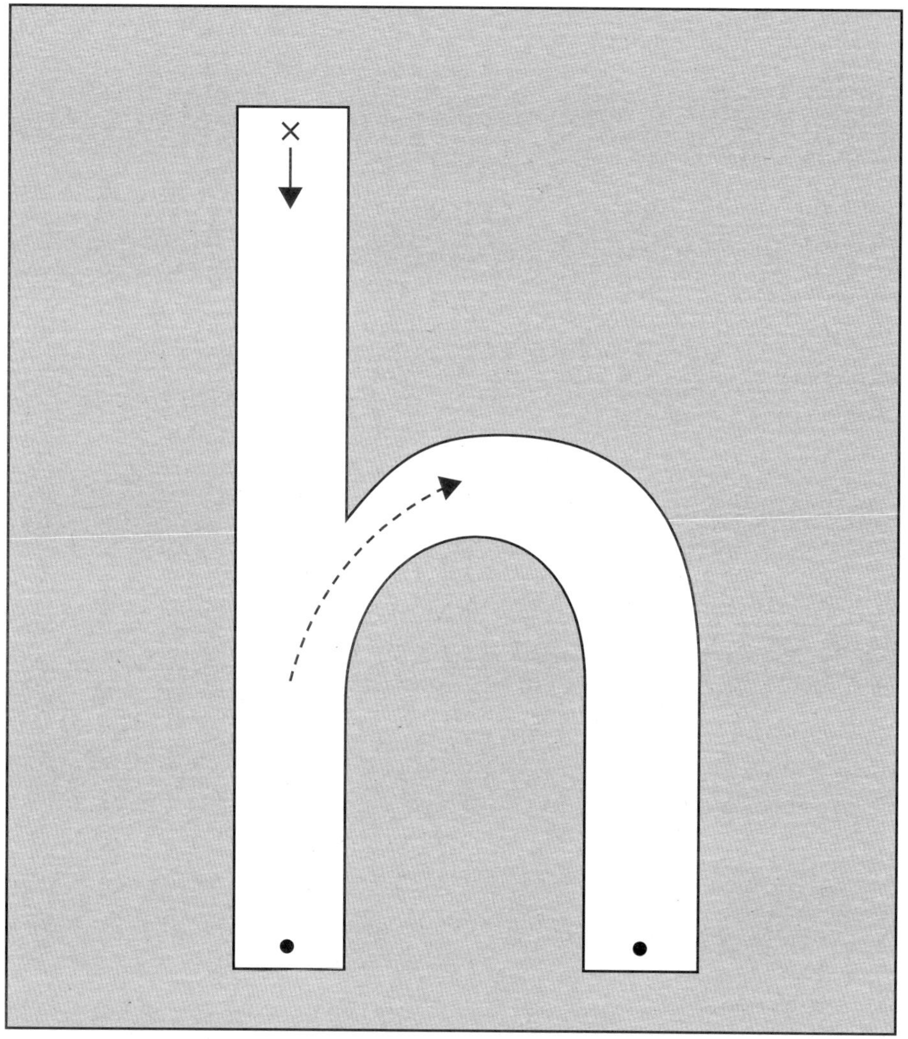

Spure nach und fülle die Zeilen auf!

H h

Schreibe und fülle die Zeilen auf!

H h

H h

her

hat

Hut

Schreibe und fülle die Zeilen auf!

H h

Himmel

Hase

Hans hustet.

Oma holt Hans.

Schreibe das Wort zum Bild! Schreibe immer eine ganze Zeile!

Hh

 Für die Selbstkontrolle: **Hase, Haus, Hose, Hut, Hummel**

Schreibe die Sätze in die Zeilen! Tippe die Sätze dann auch in den Computer!

Hh

Husini hat einen Hut.

Mummel ist im Hut.

Lilo: Halt, mein Hase!

Ist Mummel im Hut?

Nein, Momel ist im Hut.

Momel duscht. Mit der Hand schreibt er in den Wasserstrahl ein **D** und baut das kleine **d** auf.

D d

Er spricht dazu: „Ab – und – Bogen“

Das kleine **d** übt er in drei Abschnitten.

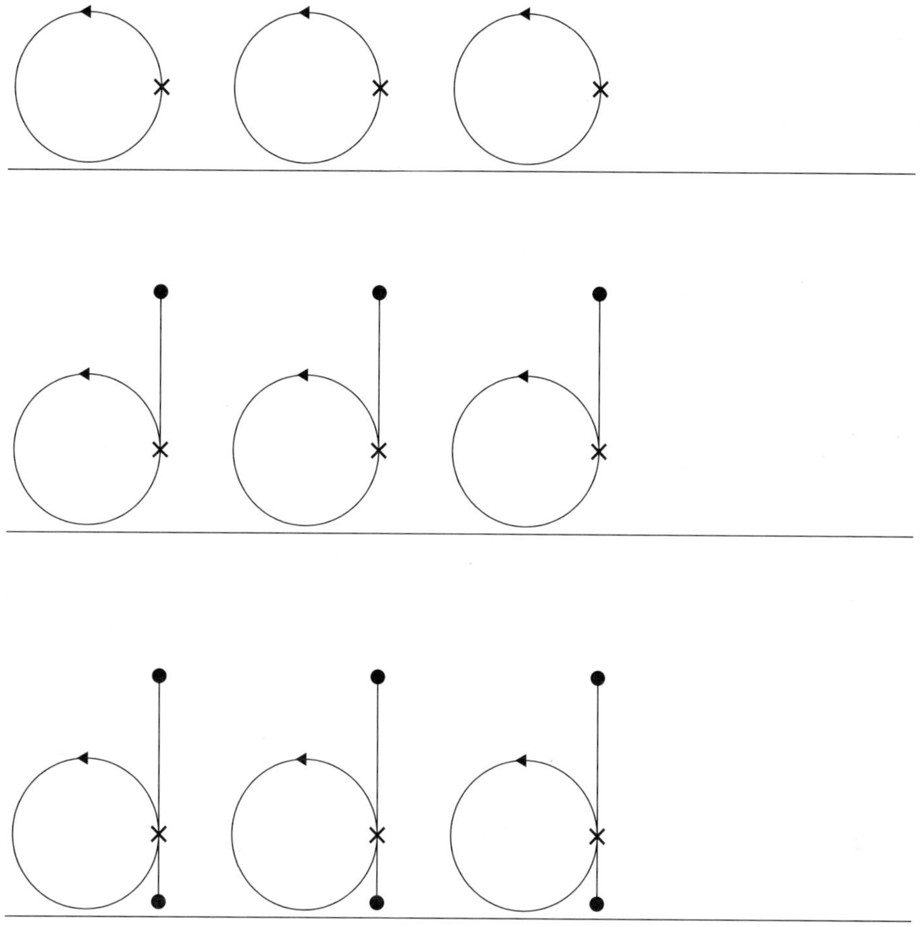

Schreibe **D** und **d** mit vielen Farben!

Dd

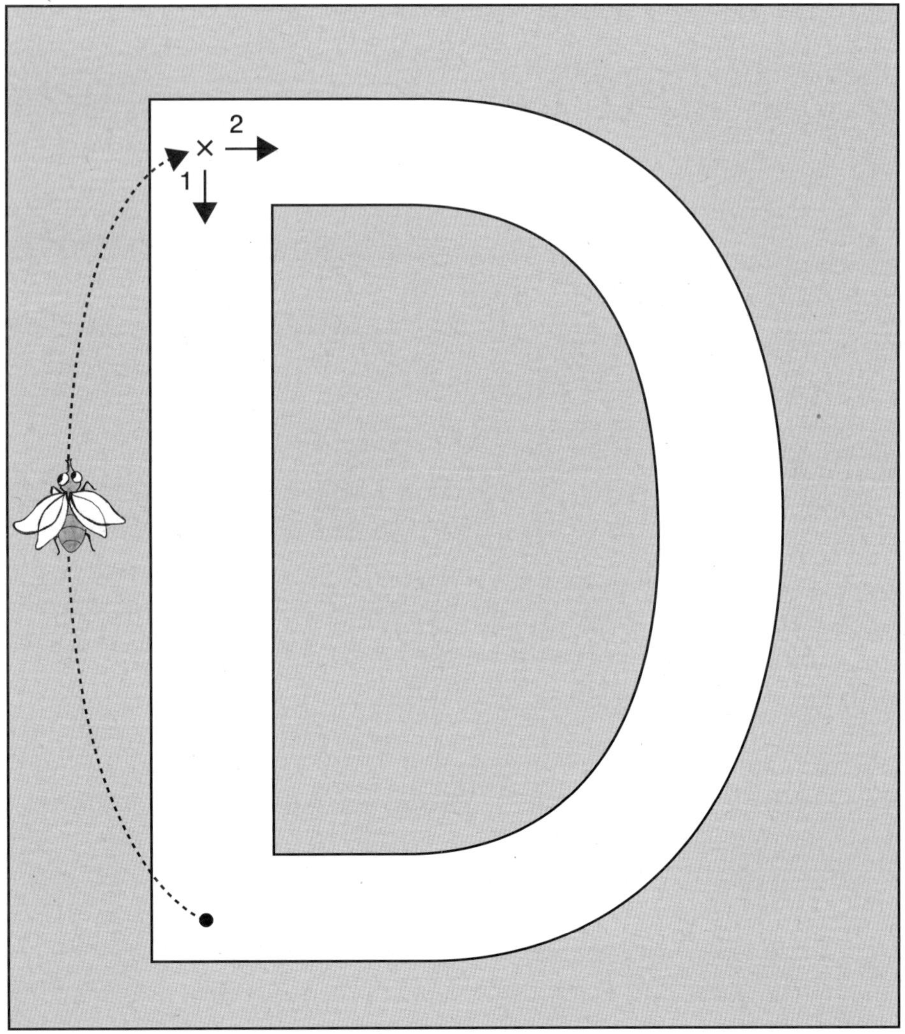

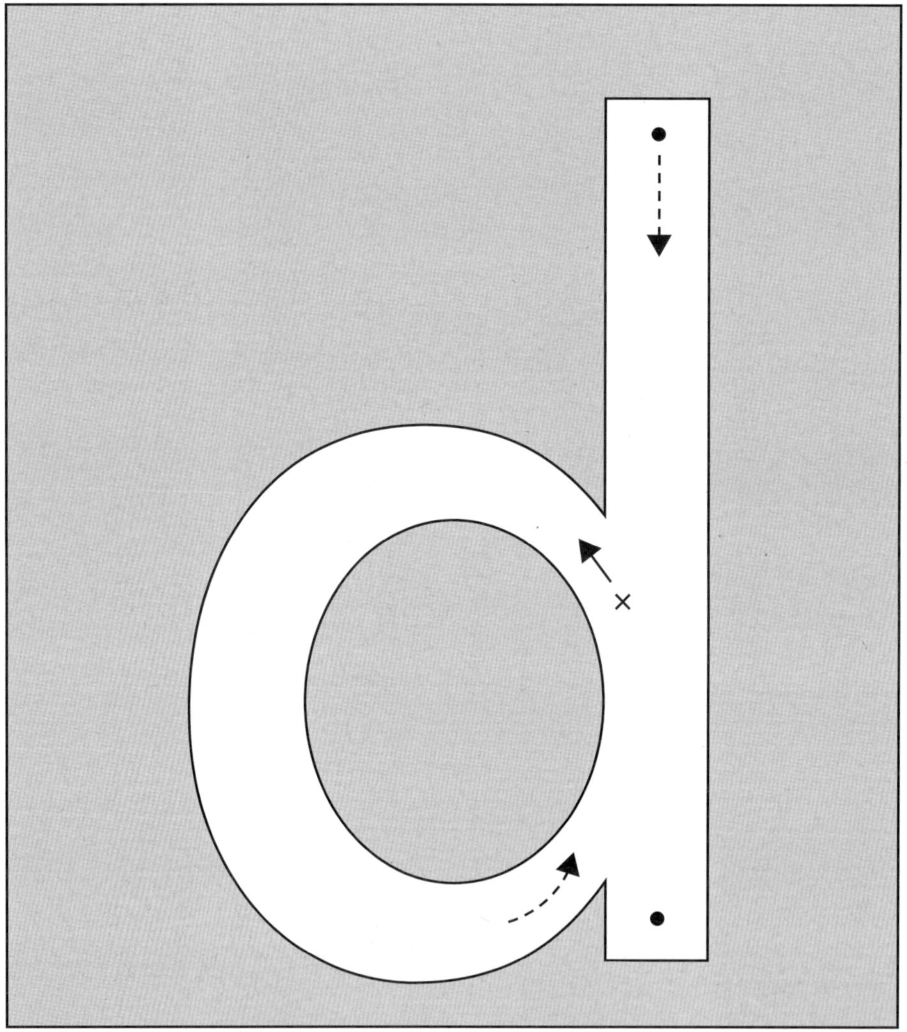

Spure nach und fülle die Zeilen auf!

Dd

D D D D D D D D D D D D D D

D

d d d d d d d d d d d d d d d d d d d d

d

Schreibe und fülle die Zeilen auf!

Dd

Dd

da

du

Dom

Dame

Schreibe und fülle die Zeilen auf!

Dd

Dose

Sand

Daumen

dumm

Dame

Schreibe das Wort zum Bild! Schreibe immer eine ganze Zeile!

Dd

Für die Selbstkontrolle: **Nadel, Hund, Sand, Hummel, Dose**

Schreibe die Sätze in die Zeilen! Tippe die Sätze dann auch in den Computer!

Dd

Momel hat eine Idee.

Momel nimmt die Nadel.

Du dumme Nadel!

Die Idee ist dumm.

Dalli ist dumm.

Momel spielt mit dem Ball an der Wand.
Spure zuerst die Wand nach und dann den Weg des Balles, wenn er an der Wand abprallt!

Kk

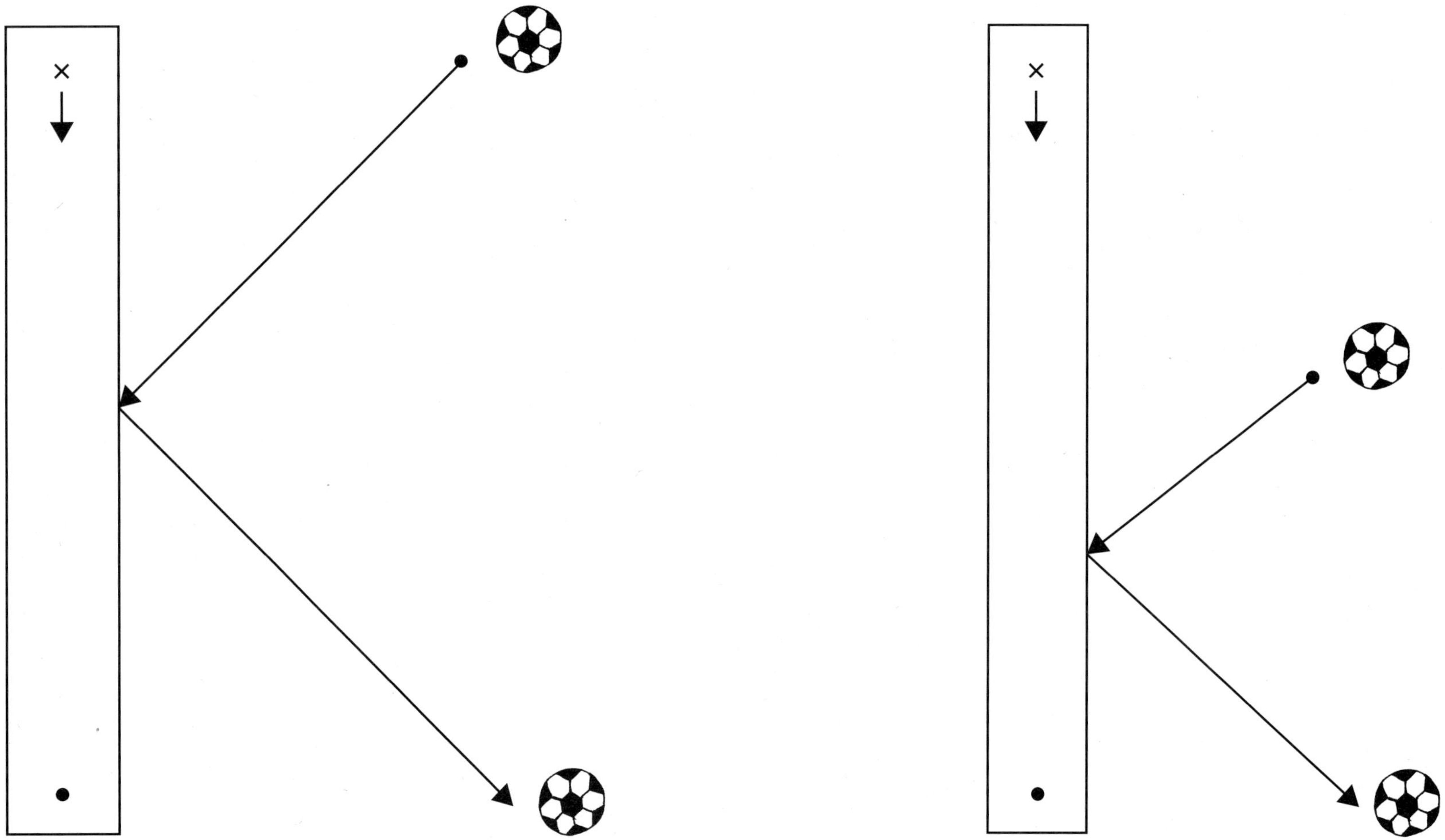

Schreibe **K** und **k** mit vielen Farben!

Kk

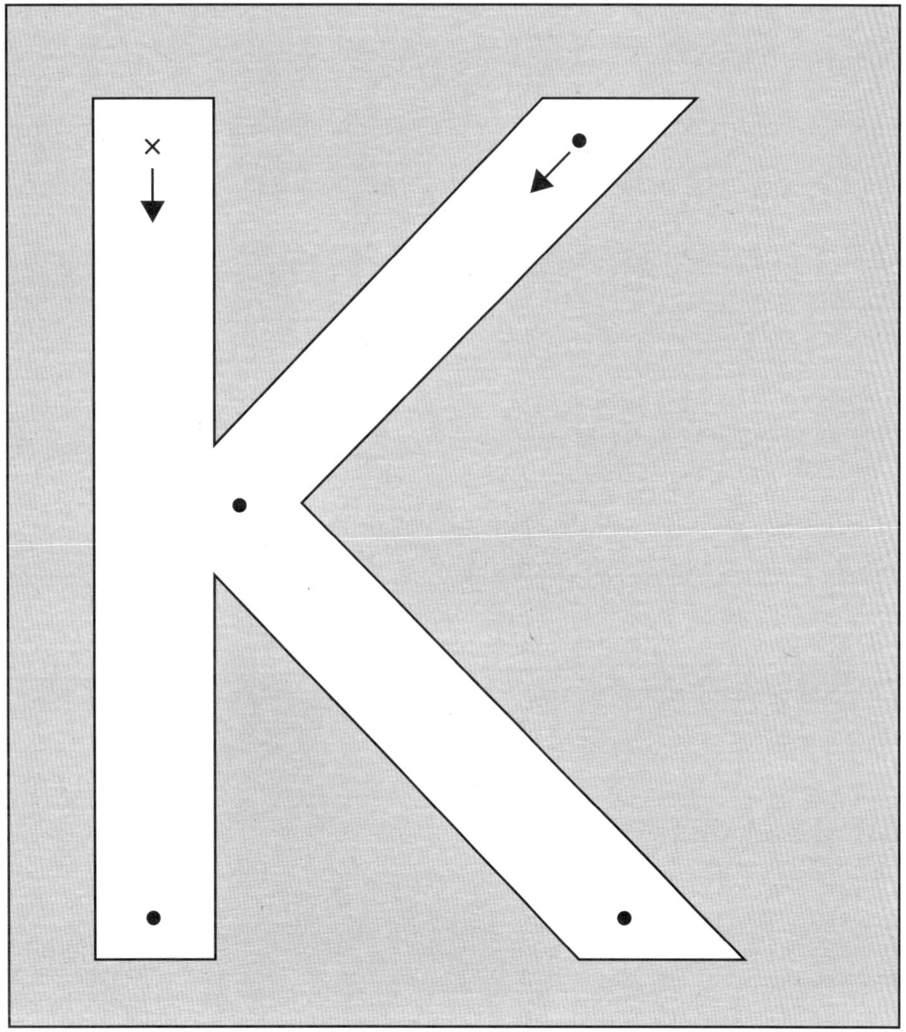

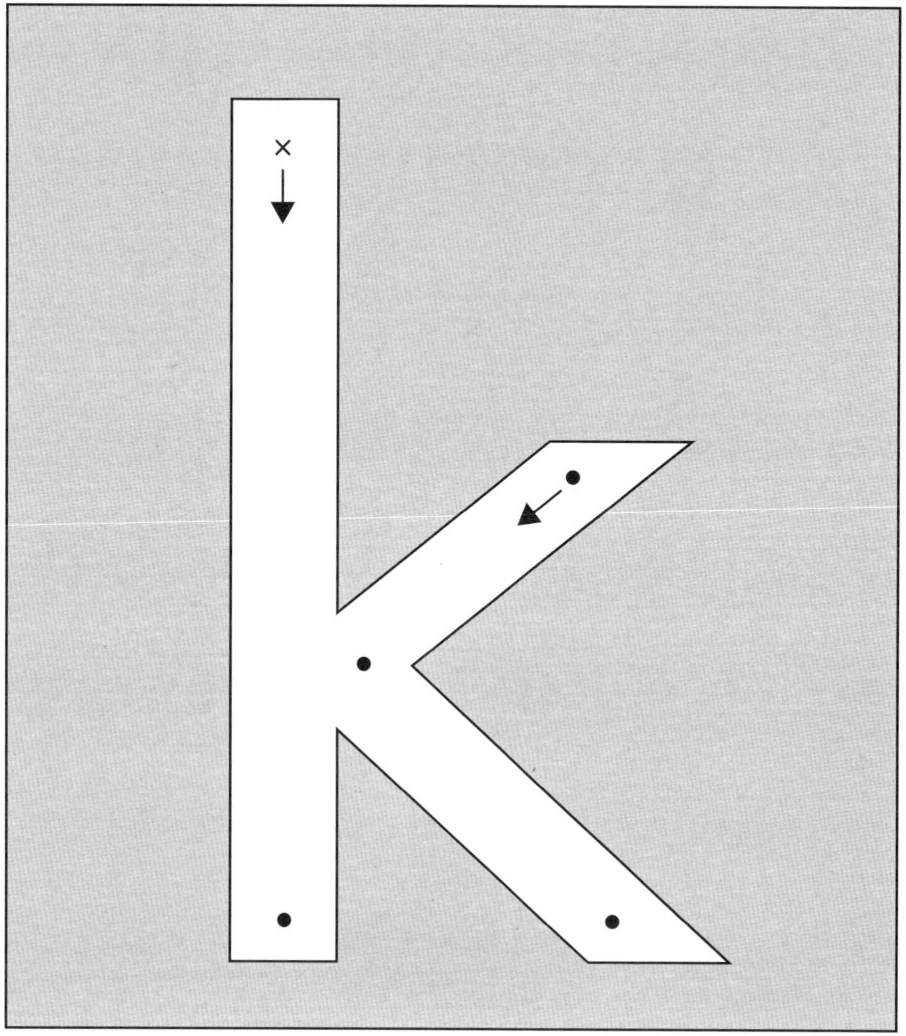

Spure nach und fülle die Zeilen auf!

K k

K K K K K K K K K K K K K K

K

k k k k k k k k k k k k k k k k

k

Schreibe und fülle die Zeilen auf!

Kk

Kk

Kiste

Kamm

Keks

Koks

Schreibe und fülle die Zeilen auf!

K k

Kanne

Kette

Kasse

Nelke

Mama kauft Kekse.

Schreibe das Wort zum Bild! Schreibe immer eine ganze Zeile!

Kk

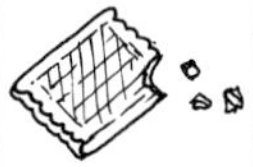

Für die Selbstkontrolle: **Kiste, Keks, Kanne, Kleid, Kaktus, Kamm**

Schreibe die Sätze in die Zeilen! Tippe die Sätze dann auch in den Computer!

Kk

Momel ist im Kaufhaus.

Lilo ist im Kaufhaus.

Mama kauft ein Kleid.

Lilo kauft eine Kette.

Momel kommt an die Kasse.

Momel baut ein **R** auf und hüpft ein **r**. Mach mit!

Rr

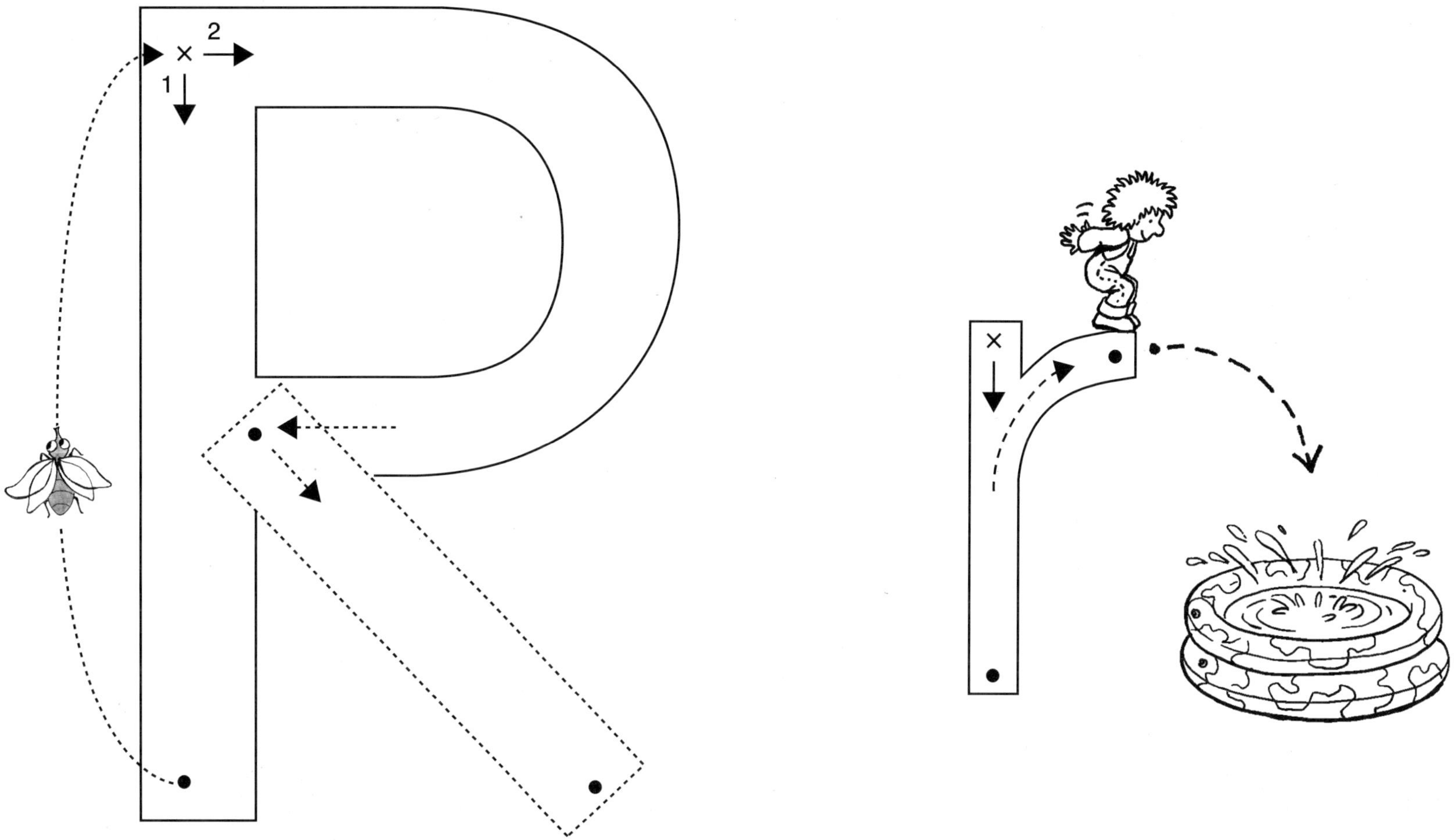

Schreibe **R** und **r** mit vielen Farben!

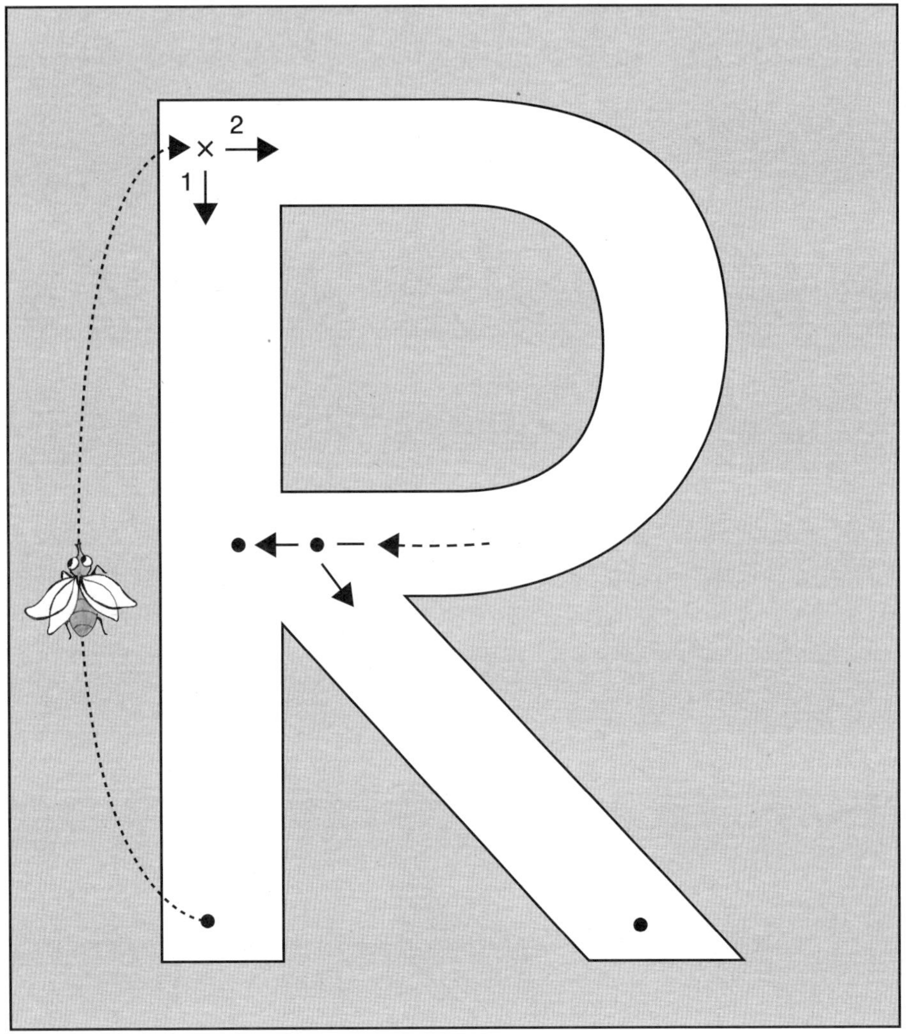

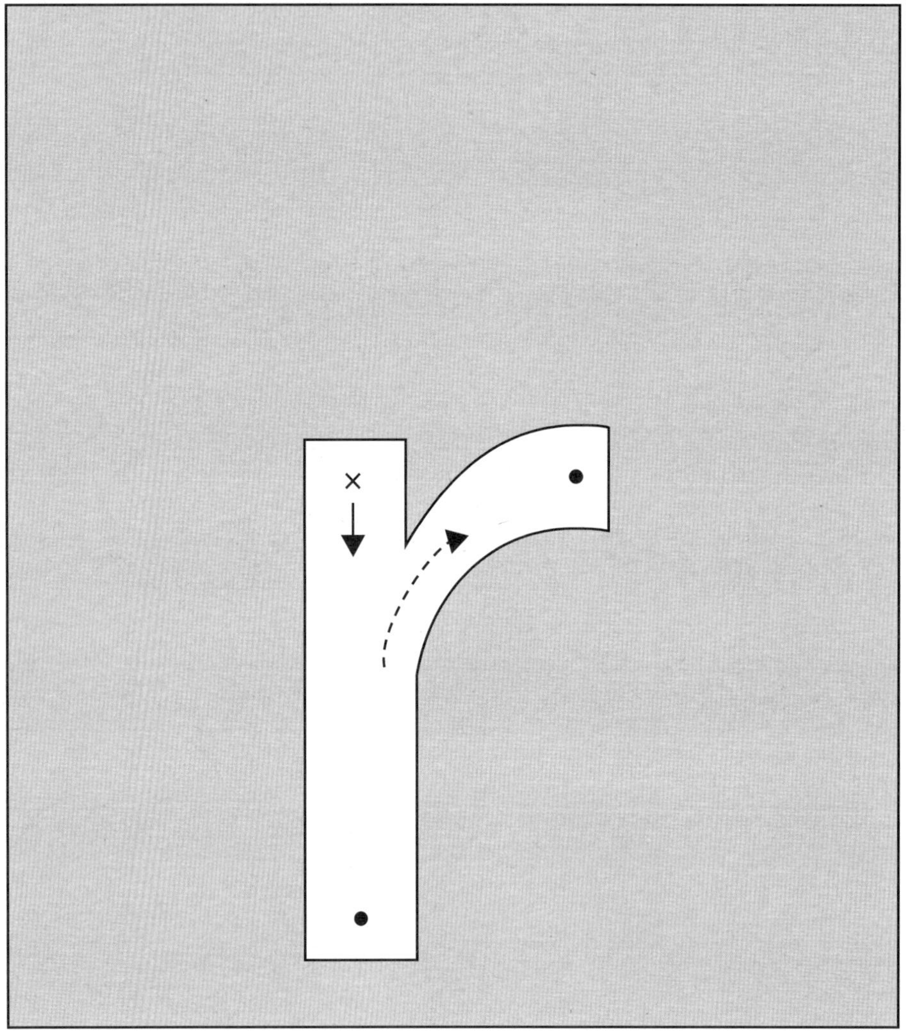

Spure nach und fülle die Zeilen auf!

R r

R R R R R R R R R R R R R R R

R

r r r r r r r r r r r r r r r r r r r r r r r r r r r

r

Schreibe und fülle die Zeilen auf!

R r

Rr

Roller

dir

Rad

rund

Schreibe und fülle die Zeilen auf!

Rr

Rock

Rad

Tor

Reiter

Der Ball ist im Tor.

Schreibe das Wort zum Bild! Schreibe immer eine ganze Zeile!

Rr

Für die Selbstkontrolle: **Rad, Roller, Messer, Tor, Leiter, Turm**

Schreibe die Sätze in die Zeilen! Tippe die Sätze dann auch in den Computer!

Rr

Momel rennt.

Peter kommt mit dem Roller.

Peter rast los.

Momel rast los.

Momel ruft: Hurra!

Das **B** und das **b** sind nicht schwer. Du hast ja schon viel Übung. Spure nach!

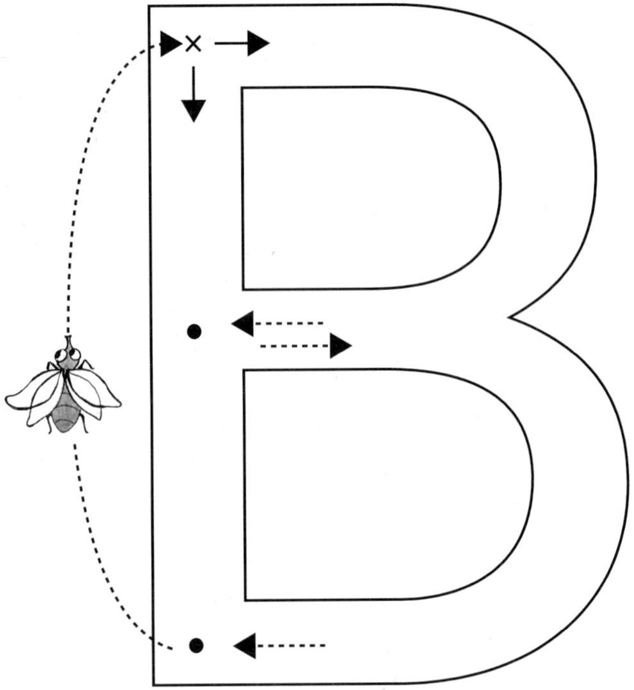

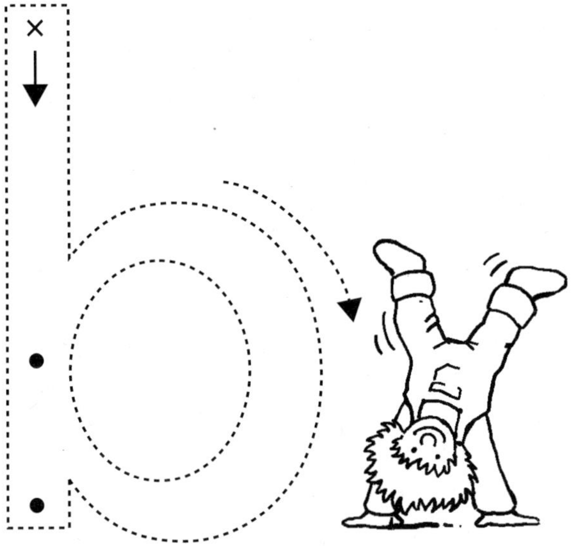

Schreibe **B** und **b** mit vielen Farben!

B b

Spure nach und fülle die Zeilen auf!

B b

B B B B B B B B B B B B B B

B

b b b b b b b b b b b b b b b b b b b

b

Schreibe und fülle die Zeilen auf!

Bb

Bb

Bild

Besen

Brille

Bett

Schreibe und fülle die Zeilen auf!

B b

Banane

Buch

Ball

Blatt

lieb

Schreibe das Wort zum Bild! Schreibe immer eine ganze Zeile!

Bb

Für die Selbstkontrolle: **Brille, Besen, Reibe, Bild, Hobel**

Schreibe die Sätze in die Zeilen! Tippe die Sätze dann auch in den Computer!

B b

Momel hat einen Ball.

Manuel ist lieb.

Alle loben Manuel.

Momel ist im Bett.

Manuel und Momel schlafen im Bett.

Momel hat ein Metermaß. Falte das Metermaß, wie du es auf dem Bild siehst!
Spure dann das Bild auf dem Blatt nach!

Ww

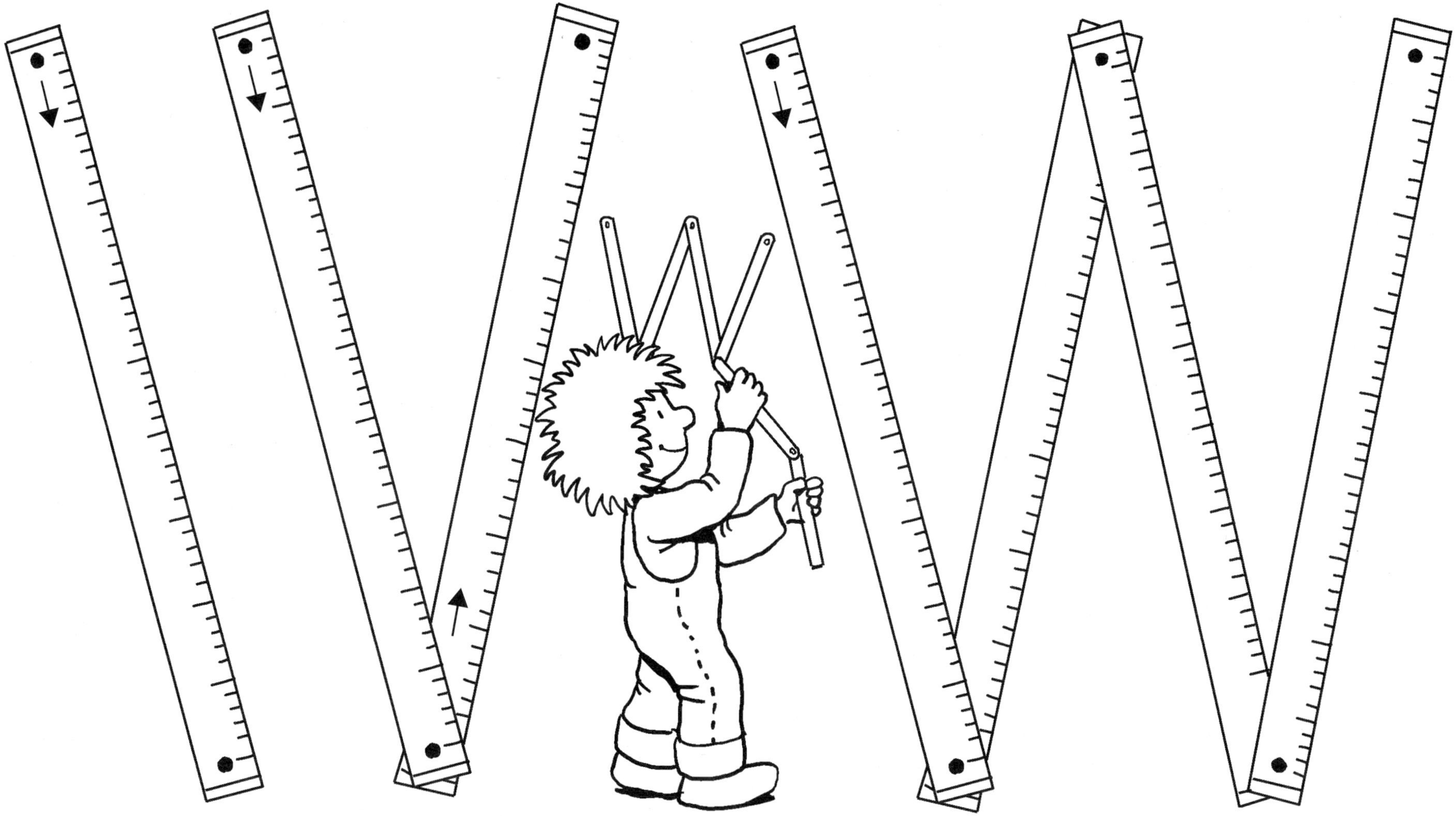

Schreibe **W** und **w** mit vielen Farben!

W w

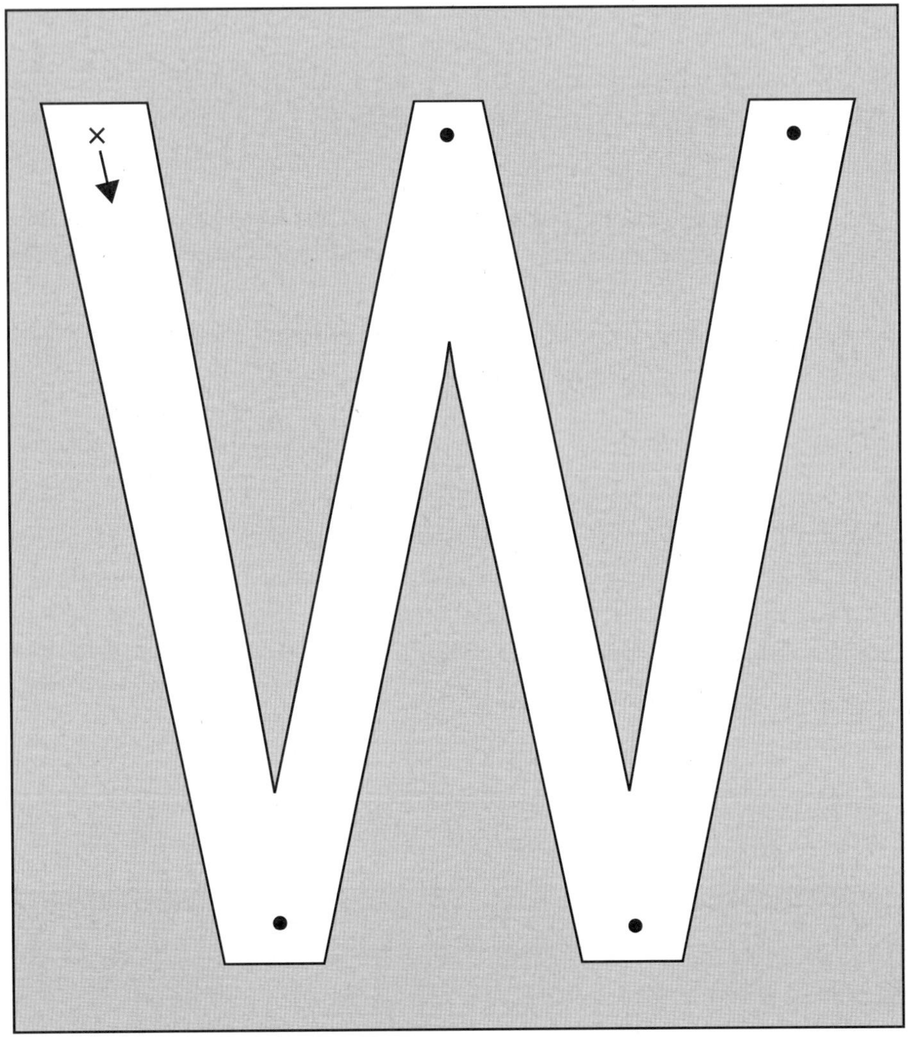

Spure nach und fülle die Zeilen auf!

W w

W W W W W W W W W W W W W

W

w w w w w w w w w w w w w w w w w w w w

w

Schreibe und fülle die Zeilen auf!

W w

W w

was

wo

wann

wie

Schreibe und fülle die Zeilen auf!

Ww

Wald

Wasser

Wasserfall

Wolke

Waldi bellt.

Schreibe das Wort zum Bild! Schreibe immer eine ganze Zeile!

W w

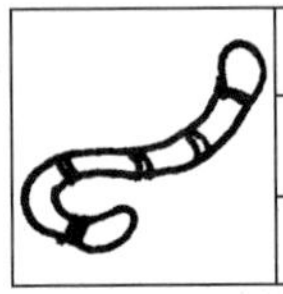

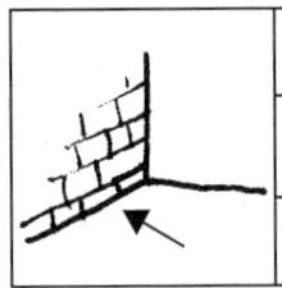

 Für die Selbstkontrolle: **Wolke, Wurm, Wand, Wald, Wolle, Wasser**

Schreibe die Sätze in die Zeilen! Tippe die Sätze dann auch in den Computer!

Ww

Momel ist im Wald.

Da ist ein Wurm!

Auf der Wiese ist ein Reh.

Wo ist Papa?

Wir wollen Beeren essen.

Momel spritzt mit der Gießkanne. Zuerst spritzt er einen Bogen, dann ein **G**. Das **g** spurt Momel fleißig nach.

G g

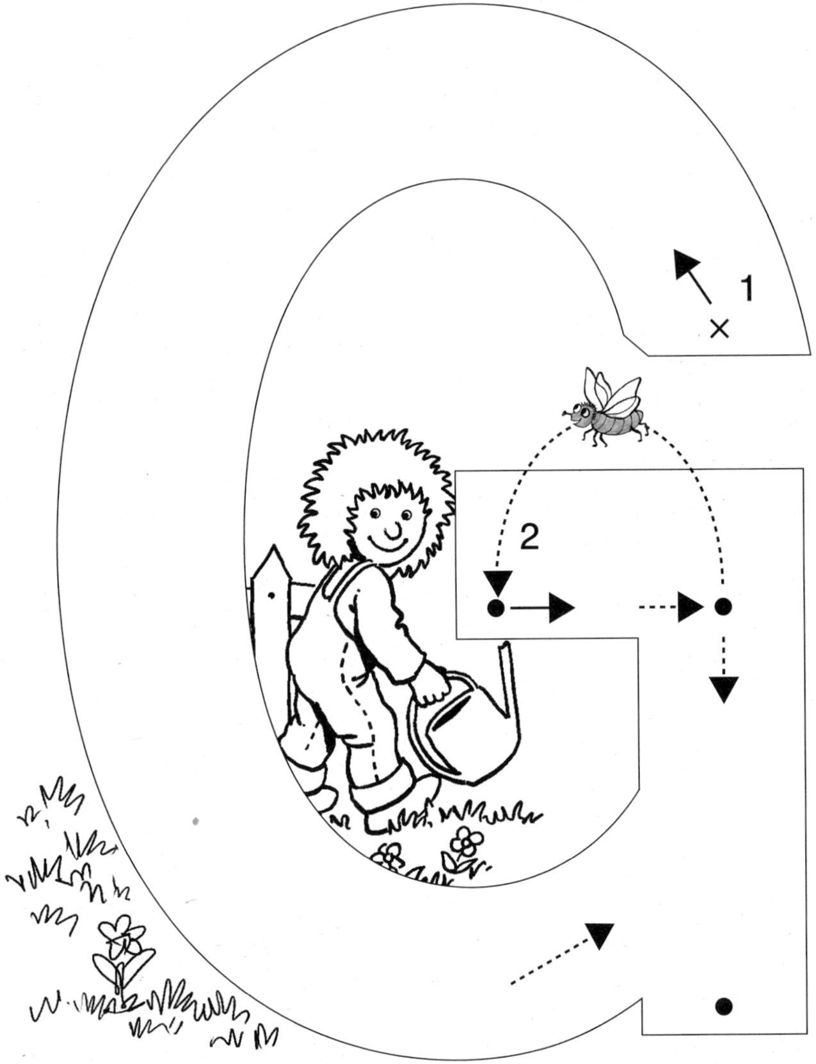

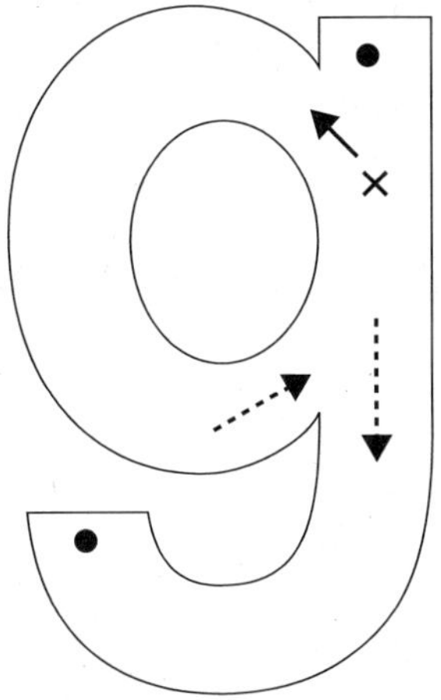

Schreibe **G** und **g** mit vielen Farben!

G g

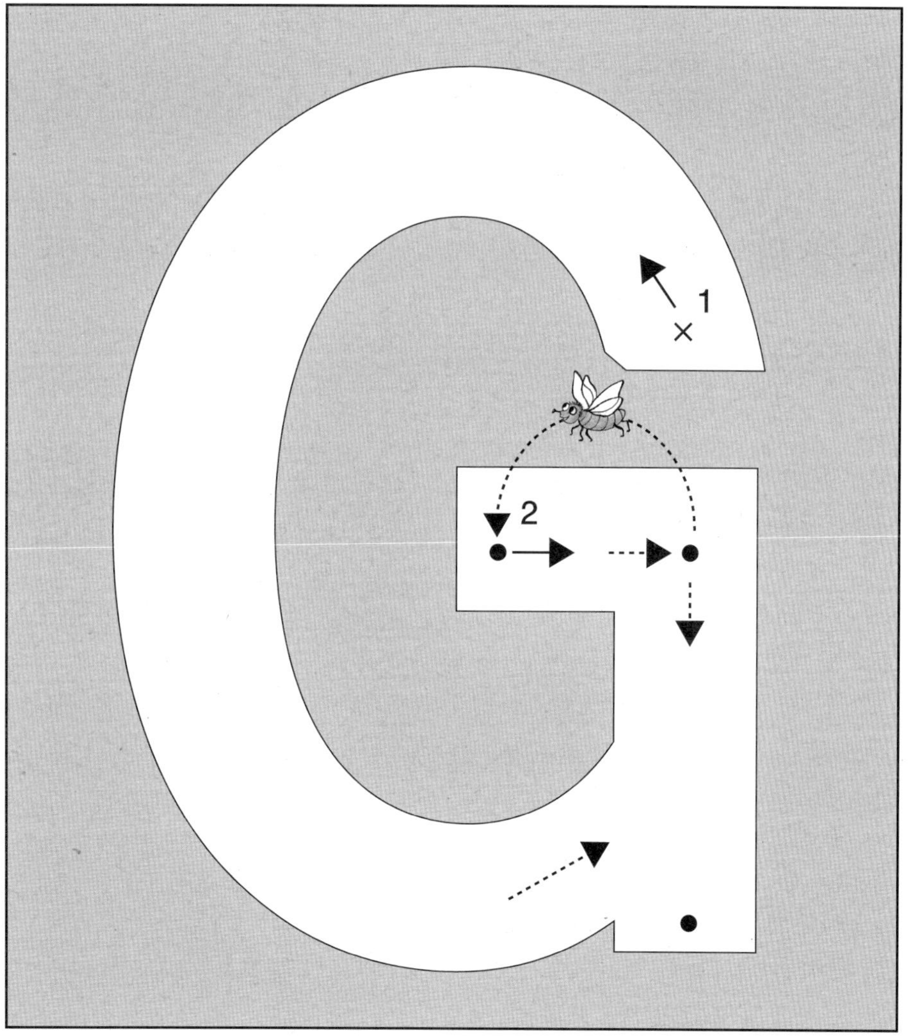

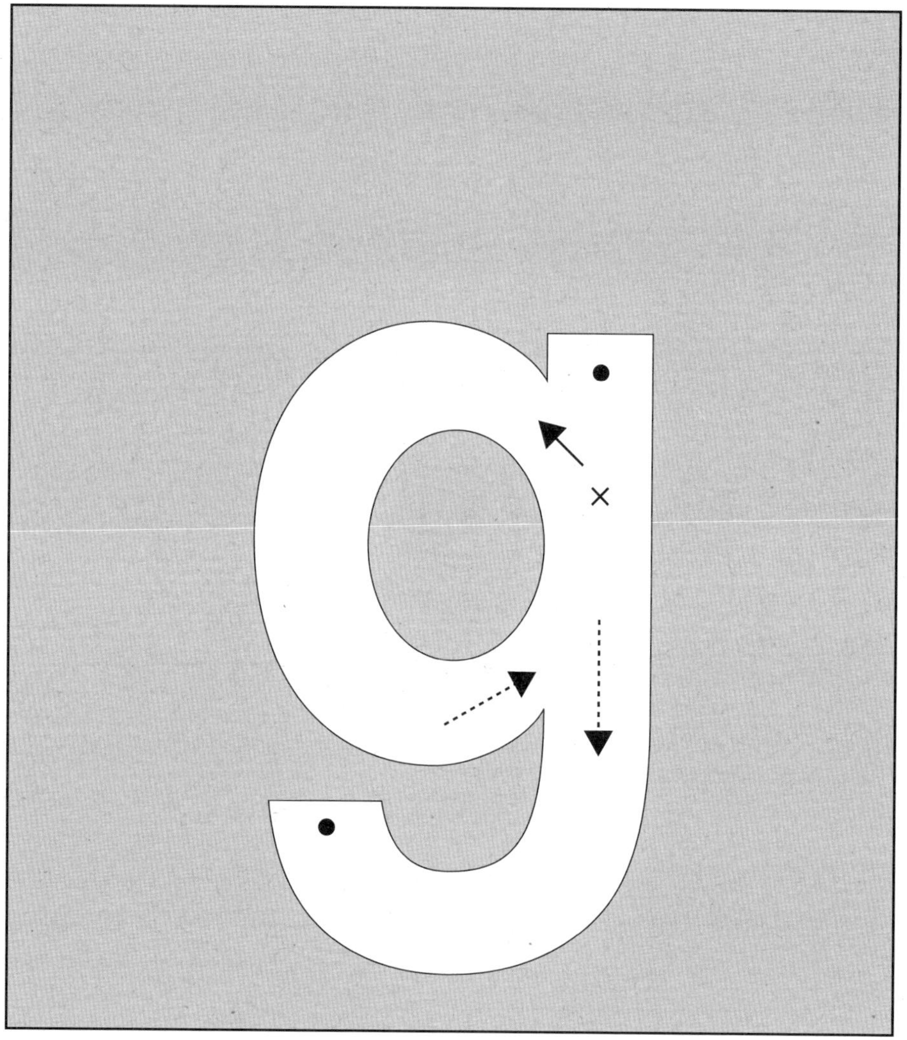

Spure nach und fülle die Zeilen auf!

G g

G G G G G G G G G G G G G G G G G G G G

G

g g g g g g g g g g g g g g g g g g g g g g g g g g g

g

Schreibe und fülle die Zeilen auf!

G g

Gg

gelb

Gans

gegen

Gong

Schreibe und fülle die Zeilen auf!

G g

Gans

Gewehr

Kegel

Der Berg ist hoch.

Auf dem Turm ist die Glocke.

Schreibe das Wort zum Bild! Schreibe immer eine ganze Zeile!

G g

Für die Selbstkontrolle: **Gitarre, Kegel, Glocke, Auge, Gans, Igel**

Schreibe die Sätze in die Zeilen! Tippe die Sätze dann auch in den Computer!

Gg

Momel geht in den Garten.

Er holt die gelbe Gartenliege.

Er holt den gelben Sonnenschirm.

Lilo liegt im Gras.

Momel will gerne baden.

Er ist traurig.

Im Renntempo fährt Momel um die Kurven. Er kommt dabei nicht von der Strecke ab.

-ß

Schreibe **-ß** mit vielen Farben!

-ß

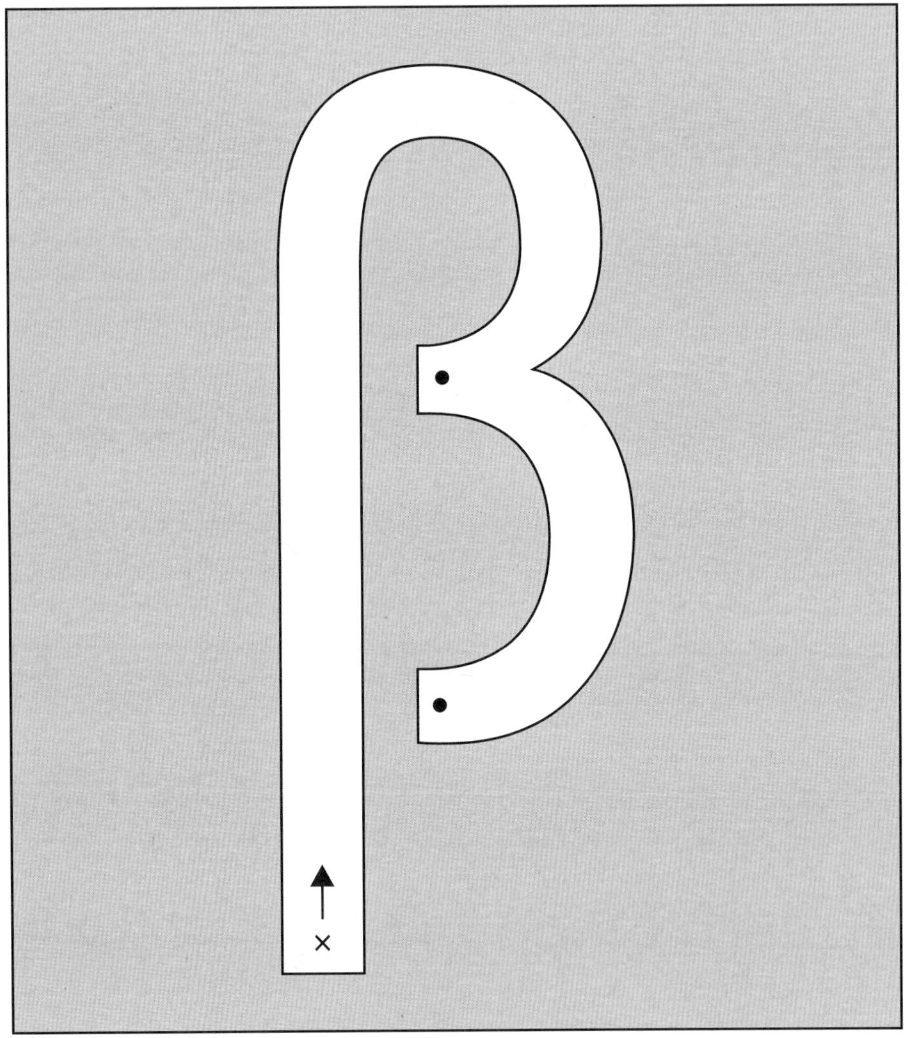

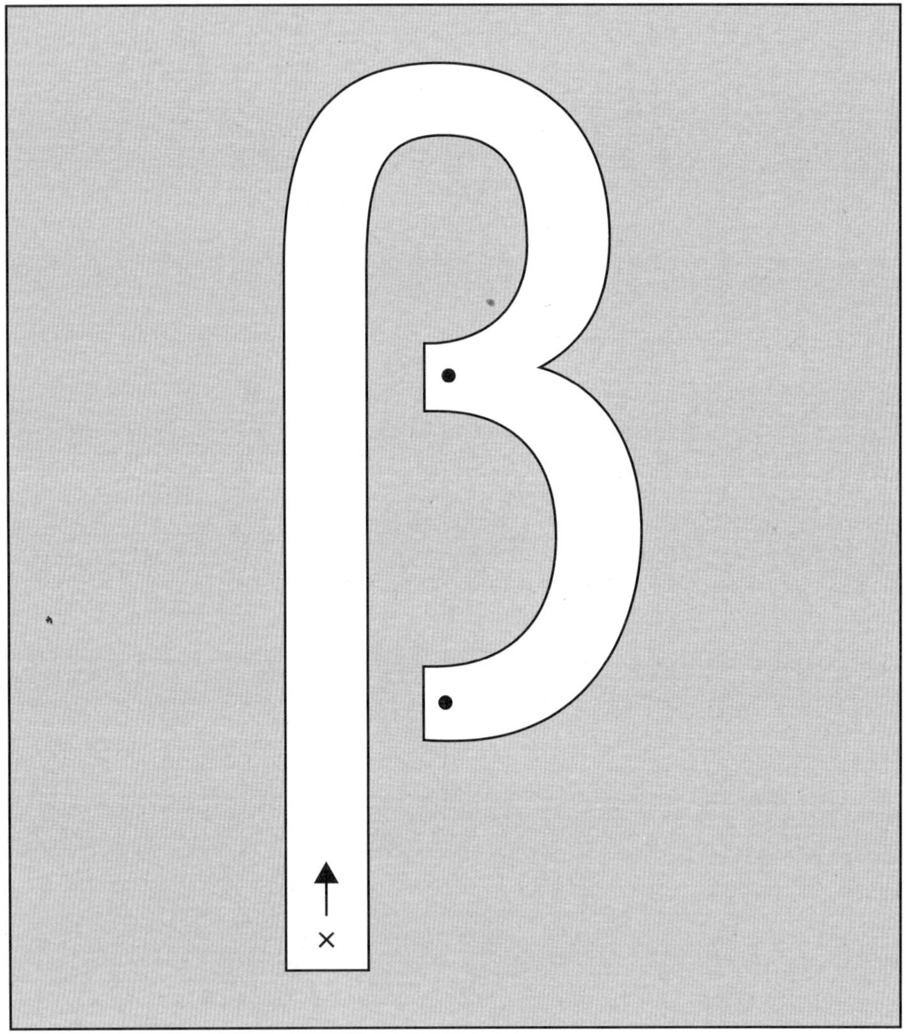

Spure nach und fülle die Zeilen auf! Beachte, dass **-ß** den oberen Schreibraum nur bis zur Hälfte füllt!

-ß

Schreibe und fülle die Zeilen auf!

-ß

ß

Floß

Gruß

bloß

heiß

Fuß

Schreibe die Wörter in die Zeilen und fülle die Zeilen auf!

-ß

Ruß

Fuß

Floß

Der Riese ist groß.

Im Fluss ist ein Floß.

Der Schnee ist weiß.

Zorro schreibt mit seinem Degen viele **Z** in die Luft. Hörst du, wie der Degen in der Luft pfeift? **Zz**

Schreibe **Z** und **z** mit vielen Farben!

Zz

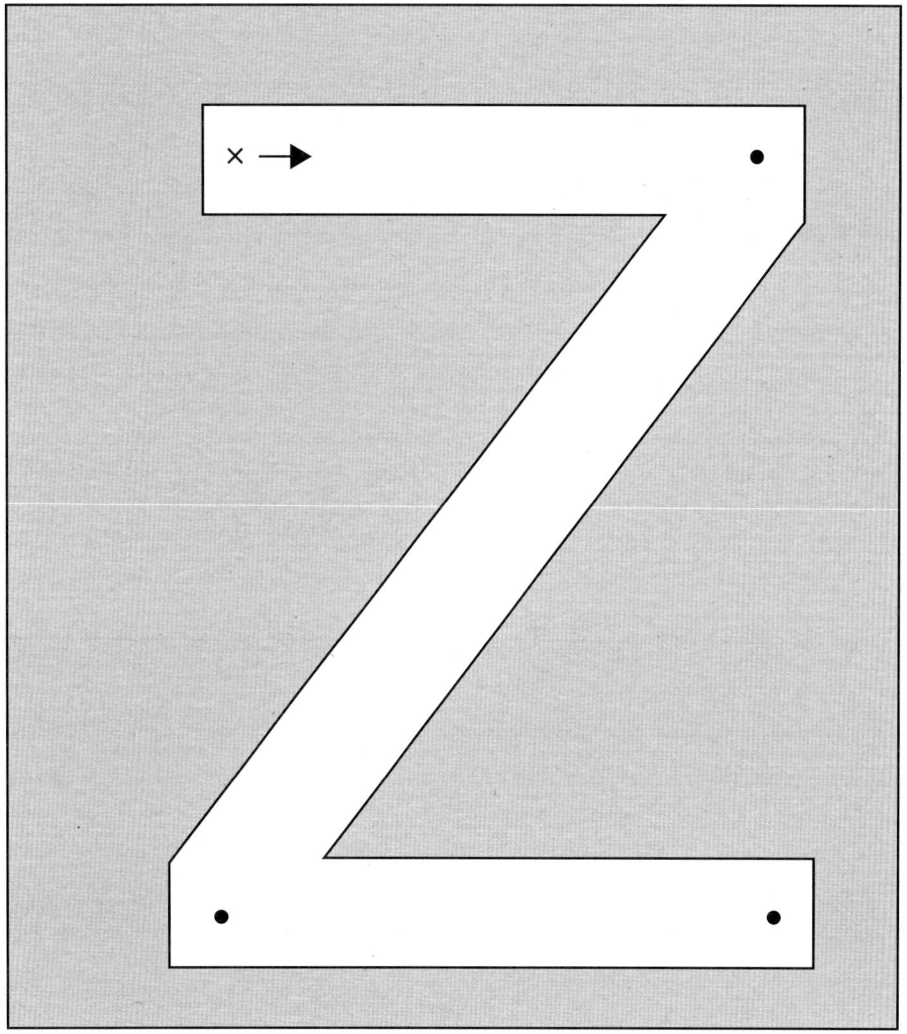

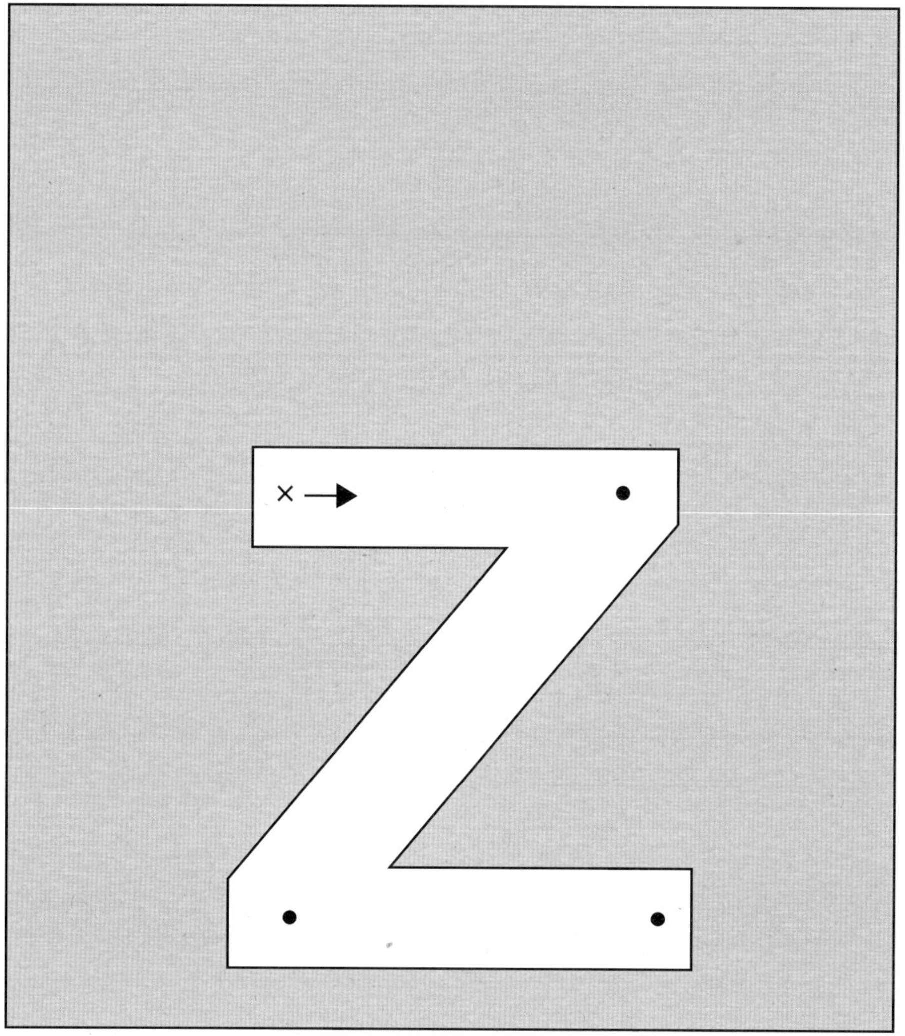

Spure nach und fülle die Zeilen auf!

Zz

Z Z Z Z Z Z Z Z Z Z Z Z Z Z Z Z Z Z

Z

z z z z z z z z z z z z z z z z z z z z z z z z z

z

Schreibe und fülle die Zeilen auf!

Zz

Z z

Zaun

Herz

Zebra

Brezel

Polizei

Schreibe und fülle die Zeilen auf!

Zz

Zauberer

Herz

Kreuz

Zebra

Die Kerze brennt.

Der Zwerg ist klein.

Schreibe das Wort zum Bild! Schreibe immer eine ganze Zeile!

Zz

Für die Selbstkontrolle: **Pferd, Katze, Zange, Zwerg, Heizung, Zirkus**

Schreibe die Sätze in die Zeilen! Tippe die Sätze dann auch in den Computer!

Zz

Momel ist im Zirkus Zaloga.

Er sieht Zebras, Ziegen und Zita.

Zehn Artisten bilden einen Menschen-Turm.

Der Zauberer zaubert mit dem Zauber-Ballon.

Die Ziegen rennen Zaloga um.

Momel lacht Zaloga aus.

Schreibe Wörter und Sätze, die dir gefallen.